AF250564

LA
PROSPÉRITÉ PUBLIQUE

GARANTIE PAR L'ÉTAT,

FRAGMENT

D'UNE

INSTITUTION RÉPUBLICAINE,

PAR

J. T. et Apollin **BRIQUET**.

« L'argent versé dans les coffres de l'État doit
avoir préalablement contribué au bonheur du
peuple : tel est le meilleur système de finances. »

EN VENTE

CHEZ TOUS LES LIBRAIRES.

PARIS. — TYPOGRAPHIE WITTERSHEIM, RUE MONTMORENCY, 8.

LA

PROSPÉRITÉ PUBLIQUE

GARANTIE PAR L'ÉTAT.

La crise financière qui pèse si lourdement sur la France, depuis le 24 février 1848, décroît avec lenteur. Il serait donc encore utile de rechercher les moyens de délivrer le pays de la gêne qui l'oppresse, et de rendre à l'agriculture, au commerce et à l'industrie la prospérité qui doit être le résultat de l'établissement du gouvernement républicain, prospérité qui serait le gage assuré de la tranquillité, de la sécurité et de la richesse publiques. Ce sujet a déjà exercé, maintes fois, les méditations des hommes sérieux et vraiment amis de leur patrie. Des plans de banques hypothécaires, d'institutions de crédit, ont été publiés : ces divers systèmes révélaient les meilleures intentions ; mais quelques-uns n'étaient praticables qu'après une nouvelle organisation de la société ; d'autres basaient leurs opérations sur l'excédant problématique des fortunes privées et sur les épargnes des travailleurs ; enfin, les plus rationnels invoquaient l'intervention de l'État, malheureusement dans des proportions et avec des conditions inacceptables. En général, ces projets sont des théories brillantes, dont l'application difficile demanderait la sanction du temps et le concours de circonstances plus favorables.

Les idées les plus simples échappent quelquefois aux hommes compétents ; c'est pourquoi un bon citoyen ne doit pas craindre d'émettre son opinion sur les matières de haute importance, dès que cette opinion est consciencieuse. Une pensée utile mise au jour peut contribuer au bonheur des peuples. Je me trompe peut-être sur l'efficacité du moyen que je vais proposer pour asseoir le crédit sur une base solide ; mais, si mon projet en fait naître un meilleur, j'aurai atteint mon but, car je n'ai d'autre ambition que de provoquer de nouvelles recherches qui assurent enfin la prospérité de l'agriculture, du commerce et de l'industrie, et par suite, l'amélioration du sort des travailleurs (1).

Jetons d'abord un coup d'œil en arrière et examinons comment on aurait pu rétablir le crédit après la révolution de février. Loin de moi la pensée de faire le procès aux divers gouvernements qui se sont succédé depuis cette époque. Ils ont été absorbés par les besoins de chaque jour ; ils ont été débordés par les passions surexcitées. Ils ont vécu au milieu des orages, et pour empêcher le vaisseau de sombrer, ils ont, quoique à regret, jeté à la mer plus d'un objet précieux. Nous qui, maintenant, dans le calme du cabinet, calculons les pertes que la tempête a fait éprouver à la France, nous décrivons froidement les moyens qu'il aurait fallu employer pour sauver la cargaison. Pourquoi donc, matelots et passagers, n'avez-vous pas, au milieu de l'ouragan, présenté vos judicieuses observations ? C'est que les dangers laissent peu de

---

(1) Les agriculteurs, les commerçants et les industriels sont des travailleurs, aussi bien que les artistes et les hommes de lettres : les uns travaillent avec les bras, les autres avec la tête. Chacun a son lot, sa vocation. Dieu n'a-t-il pas imposé le travail à l'homme comme la première condition de son existence, comme la première condition de son bien-être ?

liberté à la pensée ; c'est que l'idée fixe de la conser-
vation éloigne toute idée d'amélioration.

Toujours est-il qu'au 24 février il y avait en France
autant d'argent que la veille ; que le Gouvernement
provisoire était investi d'un pouvoir illimité et qu'il
disposait de toutes les ressources de la nation. La confiance était ébranlée, je l'avoue : n'est-ce pas le résultat inévitable de toutes les révolutions ? Mais on
pouvait empêcher que la crise financière n'atteignît
les proportions effrayantes qui ont consterné le pays.
On pouvait au moins retarder la chute du crédit, et
gagner du temps en pareille matière, c'est quelquefois
le salut. Pour parvenir à ce résultat, le gouvernement
devait lui-même provoquer la confiance, en alimen-
tant le crédit à l'aide des ressources pécuniaires qu'il
avait entre les mains. Si les sommes immenses que
l'État et les villes ont inutilement dépensées en payant
directement les ouvriers, avaient été confiées aux in-
dustries déjà organisées, l'État aurait eu l'avantage
de recouvrer plus tard une grande partie de ses
avances ; les brèches fatales qui ont ébranlé nos
finances auraient été moins larges et facilement répa-
rées, sans avoir recours à l'impôt impopulaire des
45 centimes. Il fallait soutenir les grandes maisons de
banque qui, la veille si solidement assises, étaient le
lendemain toutes près de crouler. Leur chute imprévue
et soudaine n'aurait pas épouvanté la France entière,
entraîné la fermeture des maisons de banque d'ordre
inférieur, et ruiné une foule de rentiers, de commerçants et d'industriels, dont les économies et quelquefois les fonds de roulement étaient déposés chez les banquiers de Paris et de la province. Les fabricants et les
industriels secourus en temps utile, n'auraient fermé
ni leurs manufactures, ni leurs ateliers ; ils auraient
continué à occuper, peut-être avec une baisse mo-
mentanée de salaire, des milliers d'ouvriers qui, jetés
hors de leurs habitudes par le chômage et surexcités
par la crainte de la misère, se sont laissé entraîner

par de mauvaises inspirations et sont devenus les instruments passagers d'ambitions désordonnées. Pourquoi créer des ateliers nouveaux dans lesquels le travail était nul ou au moins stérile, au lieu de vivifier les ateliers déjà existants, au lieu de faciliter les associations d'ouvriers en les faisant participer aux secours qu'aurait distribués le gouvernement? La diffusion, dans les grands centres d'industrie, de sommes proportionnées aux besoins, et des associations organisées de telle sorte que les usages antérieurs se conciliassent avec les exigences réclamées par la forme républicaine, auraient préservé les travailleurs du chômage et la France des convulsions qui l'énervent depuis trop longtemps.

La population agricole aurait dû profiter aussi des bienfaits du gouvernement. Le sort des cultivateurs a besoin d'être amélioré. Le développement de l'agriculture est arrêté par le défaut de ressources ; l'emploi des instruments ingénieux inventés depuis longtemps et dont l'usage n'est pas encore popularisé, rendrait les travaux des champs moins pénibles. Rendez ces travaux honorables, plus faciles et plus lucratifs, et alors seulement vous pourrez espérer que la population exubérante des villes restituera aux campagnes les bras dont elles ont tant besoin, et que leur enlève journellement l'appât d'un salaire plus élevé dans les ateliers et dans les manufactures.

Ce qu'on n'a pu faire jusqu'à présent, pourquoi ne le ferait-on pas aujourd'hui? La position est meilleure, le commerce et l'industrie reprennent un peu d'activité. L'agriculture seule est délaissée; oui, délaissée. En effet, depuis l'établissement de la République, 68 millions ont été consacrés à secourir les habitants des villes. Les habitants des campagnes ont été entièrement oubliés : pour eux, l'impôt des 45 centimes est encore sans compensation. Le gouvernement accorde, il est vrai, des subventions aux sociétés et aux comices agricoles; mais ces subventions ne fournissent pas aux sociétés et aux comices des moyens suffisants pour venir en aide au chef d'une exploitation rurale, pour soutenir les entreprises qui ont pour but d'améliorer le sol ou les races de bestiaux. Les comices agricoles distribuent, comme encouragement, des primes de trente à quarante francs, des médailles dont la valeur excède rarement dix francs. Ce sont des récompenses honorifiques, qui ne peuvent exercer aucune influence sur le bien-être des cultivateurs, ni sur l'avenir de l'agriculture.

Il serait temps d'en finir avec les demi-mesures, qui absorbent beaucoup d'argent et ne remédient à rien.

Quelles sont les causes de la décadence et de la ruine de l'agriculture, du commerce et de l'industrie? En temps ordinaire, l'usure ; pendant les révolutions, l'usure et l'absence du crédit. Le capital est un despote qui pressure l'agriculteur, le commerçant et l'industriel ; et s'il est de mauvaise humeur, il disparaît en laissant après lui la ruine et la misère.

Il y a deux modes d'emprunt : sur hypothèques, ou sur billets. Le premier mode entraîne des frais d'actes et d'enregistrement qui, pour les petites sommes surtout, élèvent l'intérêt de l'argent prêté à 7 et 8 pour 100. Le deuxième mode est encore plus coûteux : l'intérêt est calculé au moins à 6 pour 100 et 1 pour 100 de commission ; mais les billets sont faits à trois mois. Ainsi, l'intérêt annuel est au moins de 10 pour 100 ; ce sont les conditions les plus douces que puisse espérer un emprunteur. Or, le commerce rapporte, en moyenne, de 10 à 20 pour 100 ; s'il vit d'emprunt, ses bénéfices sont absorbés, et au-delà, par les intérêts et par les autres charges indispensables. Les biens ruraux rapportent seulement 2 1/2 pour 100 ; que devient alors le cultivateur lorsqu'il est obligé d'emprunter ?

Il est donc nécessaire que les travailleurs s'affranchissent enfin de ces ruineuses exigences ; il faut que le capital cesse d'être le maître, que son mauvais vouloir n'exerce aucune influence sur la prospérité publique. Le travail et l'intelligence doivent secouer le joug avilissant d'une puissance aveugle, sans cœur et sans entrailles. Le bien-être des citoyens et les mœurs publiques ne peuvent qu'y gagner.

C'est à la République que sont dévolus le pouvoir et l'honneur de cette heureuse transformation. La République, basée sur le suffrage universel, est le gouvernement de tous ; le trésor de l'État est alimenté par tous : le premier devoir du gouvernement républicain est donc, évidemment, d'établir une égale répartition de ses bienfaits.

J'ai dévoilé le mal, j'ai sondé la plaie, j'ai indiqué le remède dont l'application, ce me semble, aurait été dans le temps un puissant moyen curatif. Voici maintenant celui que je propose ; il est simple, peu coûteux, d'une exécution facile et d'une efficacité incontestable :

L'État peut bien réserver 200 millions pour l'opération que je vais exposer, surtout avec les avantages de toute nature qui en résulteraient pour la prospérité publique, surtout avec la certitude que ce fonds de réserve deviendrait promptement inutile. Ces 200 millions seraient représentés par une nouvelle émission de bons du trésor de 500, 200, 100 et 50 francs, à cours forcé et produisant 5 pour cent d'intérêt. Il n'est pas douteux que ces bons, dont la valeur augmenterait chaque jour par suite des intérêts, seraient bientôt fort recherchés.

Les receveurs généraux, les receveurs particuliers et les percepteurs, adjoindraient à leurs bureaux de recette des bureaux de prêt. Ils percevraient les impôts, et prêteraient les fonds nécessaires aux agriculteurs, aux commerçants et aux industriels résidant dans leur circonscription. Les emprunteurs payeraient annuellement 6 pour cent d'intérêt et 1 pour cent de commission, et ils recevraient en échange des bons du trésor rapportant 5 pour cent. Le taux de l'argent prêté se trouverait donc réduit, en réalité, à 2 pour cent ; les cultivateurs pourraient alors emprunter sans courir le risque de se ruiner. Ces bons, représentant un fonds de réserve et réalisables à volonté, auraient une valeur incontestable et circuleraient avec la plus grande facilité dans toute la France.

La créance de l'État serait garantie par une hypothèque sur tous les biens meubles et immeubles, et sur les produits fabriqués ou non fabriqués du débiteur. Cette hypothèque, prise administrativement, et après un contrôle exact de la position de l'emprunteur, n'entraînerait d'autres frais que l'achat du papier timbré. Afin de donner à la garantie de l'Etat un plus haut degré de solidité, on établirait près de chaque bureau de recette un jury composé de quelques habitants notables, chargé d'éclairer l'agent du gouvernement sur la moralité et la situation financière des emprunteurs. Ceux-ci se libéreraient par annuités ; le terme du dernier payement ne pourrait excéder cinq années.

Pour compléter l'œuvre, il faut aussi que les receveurs et les percepteurs soient autorisés à recevoir, au compte de l'État, les produits de l'épargne et de l'économie que les particuliers ont déposés, jusqu'à ce jour, chez les notaires et chez les banquiers, et quelques-uns seulement chez les receveurs des finances, pour être convertis en rentes sur l'État. Les prêts hypothécaires sont à longue échéance, et ne sauraient être réalisés qu'avec perte lorsqu'il s'agit de faire face à des besoins imprévus. Les dépôts chez les banquiers sont loins d'être sûrs, l'expérience nous l'a prouvé. Le cours des rentes sur l'État est sujet à tant de variations, que la valeur du capital change de jour en jour. Au surplus, les habitants des campagnes n'emploient guère ce dernier mode de placement, soit parce qu'il est peu connu ou mal compris, soit parce que les bureaux de recettes sont trop éloignés, soit enfin parce que les cultivateurs redoutent l'instabilité du cours, dont ils ne peuvent être instruits que tardivement.

Tandis que l'échange des épargnes de 1,000 francs et au-dessus contre la remise immédiate de bons du trésor réalisables à volonté et produisant un intérêt invariable de 5 pour cent, serait accueillie comme un bienfait ; et je ne doute pas que cette attrayante combinaison ne jetât des sommes immenses dans les caisses publiques.

Il serait, peut-être, nécessaire d'augmenter le cautionnement des receveurs et des percepteurs ; il faudrait aussi, sans doute, leur accorder un supplément de remises : mais ce sont là des détails que je ne fais qu'indiquer, attendu qu'ils sont du ressort de l'administration, et qu'ils ne peuvent être d'aucune importance pour la solution du problème qui nous occupe.

Résumons les bases du système que je propose :

Un fonds de réserve de 200 millions fourni et garanti par l'État ;

Représentation de ce fonds par des bons du trésor de 500, 200, 100 et 50 fr., réalisables à volonté, et produisant 5 pour cent d'intérêts entre les mains des détenteurs ;

Bureaux de prêt en faveur des agriculteurs, des commerçants et des industriels, organisés dans les bureaux des receveurs de finances et des percepteurs ;

Jury établi, à titre gratuit, dans chaque circonscription de recette ou de perception, pour éclairer l'agent du gouvernement sur la moralité et la position financière des emprunteurs ;

Le taux du prêt réduit à 2 pour cent, puisque l'emprunteur paye annuellement 6 pour cent et 1 pour cent de commission et qu'il reçoit des bons produisant 5 pour cent ;

Les sommes prêtées remboursables par annuités :

les plus longues échéances ne dépasseraient pas cinq ans ;

La créance de l'État garantie par une hypothèque sur les biens meubles et immeubles et sur les marchandises de l'emprunteur ;

Hypothèque prise administrativement et sans frais, sauf l'achat du papier timbré ;

Bureaux pour recevoir les épargnes de 1000 fr. et au-dessus, contre la remise de bons du trésor rapportant invariablement 5 pour cent.

Il est évident que l'application de ce projet serait d'une efficacité incontestable pour ranimer et pour élever au plus haut degré de prospérité l'agriculture, le commerce et l'industrie. Les secours, toujours distribués en temps utile, sans frais et presque sans déplacement, inspireraient la confiance, rétabliraient le crédit et mettraient un terme à la fréquence des faillites.

Ces mesures sont d'une facile exécution. En effet, il n'est pas besoin de créer une nouvelle administration, de nouveaux emplois : l'administration des finances, telle qu'elle est organisée, suffit pour diriger ces opérations.

Examinons maintenant les résultats que produirait ce système, sous le triple point de vue de l'État, de la morale et des individus.

1° La prospérité publique ne serait plus à la merci des capitalistes : grande conquête qui est réservée à notre ère de régénération. Le crédit serait sauvegardé par l'État. Or, comme tout gouvernement est essentiellement intéressé à ce que le crédit public ne soit pas ébranlé, il est certain qu'en toutes circonstances on pourrait compter sur son intervention bienfaisante. Je prouverai tout à l'heure qu'une fois engagé dans cette voie, il ne lui serait pas loisible de reculer.

La perception des impôts cesserait de soulever des

récriminations : qu'importe, en effet, que le chiffre de l'impôt soit élevé, et même qu'il augmente, si les contribuables acquièrent la facilité de le payer? Que les bénéfices de l'agriculteur et du commerçant soient doublés, et ils s'inquiéteront peu du taux de leurs impositions, surtout lorsqu'ils sauront qu'une somme plus forte que celle qu'ils ont eux-mêmes versée dans les caisses de l'État, est toujours à leur disposition dès qu'ils en auront besoin. Il n'y a point de nation qui soit plus chargée d'impôts que la nation anglaise, et il n'y en a pas qui le sente moins, parce que le gouvernement lui donne toujours plus qu'il ne lui ôte. L'argent versé dans les coffres de l'État doit avoir préalablement contribué à enrichir le peuple : tel est le meilleur système de finances.

La différence d'intérêt fournirait au trésor un bénéfice annuel de 4 millions. En supposant que le surcroît des remises accordées aux receveurs et que d'autres menus frais absorbent 1/2 pour cent, le bénéfice net serait encore de 3 millions par an.

Mais n'oublions pas une considération importante. Les emprunteurs appliqueraient nécessairement à leurs besoins les bons qu'ils auraient reçus ; ils s'en dessaisiraient, et par suite ils payeraient leurs annuités plus fréquemment en argent qu'en papier. Les bons resteraient entre les mains de citoyens qui se trouveraient fort heureux d'acquérir ainsi des placements à 5 pour cent. Qu'arriverait-il alors? C'est que les 200 millions prêtés en papier par l'État rentreraient bientôt dans ses coffres en espèces monnayées et que son fonds de réserve deviendrait à peu près inutile. Il n'opérerait que sur les fonds des divers emprunteurs et il ne laisserait pas cependant de gagner 3 millions par an. Les deniers de l'État ne seraient plus engagés dans ces opérations ; le remboursement des bons émis cesserait d'être une charge pour le trésor.

N'avais-je pas raison de dire qu'une fois engagé dans cette voie, le gouvernement ne pouvait reculer ?

en effet, il deviendra par la force des choses le dépositaire de la fortune publique, et il ne lui sera pas loisible d'en abandonner la direction. Seulement, lorsque les 200 millions seront couverts en tout ou en partie par le versement des annuités en espèces, il pourra, s'il le juge convenable, accroître le chiffre des prêts et par suite le chiffre des dépôts et des bénéfices du trésor, en créant de nouveaux bons.

2° Les mœurs publiques éprouveraient de notables améliorations. L'usure, cette lèpre honteuse de la société, qui avilit celui qui vend et humilie celui qui achète, s'éteindrait bientôt faute d'aliment. Les capitalistes verraient déserter cette foule de clients qui sont, à la lettre, leurs très-humbles serviteurs. La dignité de l'homme ne se marchanderait plus pour quelques pièces d'argent. Les travailleurs recouvreraient la liberté d'esprit et la liberté d'action, dès qu'ils n'auraient que l'État pour créancier. Les solliciteurs perdraient cette fiévreuse ardeur qui les pousse à pour suivre des emplois publics qu'ils obtiennent rarement. L'industrie et le commerce, offrant alors des garanties de stabilité et de prospérité, ouvriraient une carrière honorable à ces hommes intelligents qui croupissent aujourd'hui dans une oisiveté forcée, et accroissent par nécessité la malheureuse phalange des solliciteurs.

3° Les travailleurs acquerraient un bien-être qu'ils ne peuvent espérer qu'après l'adoption de ce système. Les fermiers ne seraient pas obligés si souvent de vendre à vil prix leurs denrées et leurs bestiaux, afin de payer les propriétaires ; ils entreprendraient l'amélioration de l'agriculture : ce qu'ils ne peuvent faire faute de ressources assurées ; ils s'enrichiraient alors, ils se ruinent aujourd'hui. L'ignorance, la paresse, l'ivrognerie, la routine et la misère disparaîtraient des campagnes. Le bien-être fait progresser la civilisation, détruit les mauvaises passions et les vices, et donne l'amour du travail. Dès que le commerce et l'industrie seront encouragés et soutenus, le chômage sera aboli ; il y aura sécurité et salaires suffisants pour le travail. Les ouvriers n'auront pas seulement du pain et des vêtements convenables, mais ils mettront encore leur famille à l'abri du besoin. Ils contempleront l'avenir sans effroi, car ils pourront alors faire des épargnes pour le temps des maladies et de la vieillesse. Qui peut calculer la puissance de ce nouveau stimulant jeté au milieu des forces vives des travailleurs ? « Placez d'abord vos minces économies dans les caisses d'épargnes ; lorsqu'elles auront atteint le chiffre de 1,000 fr., vous les retirerez et les échangerez contre des bons du trésor réalisables à volonté, et rapportant 5 pour 100. » Que les travailleurs soient heureux et nous en aurons fini avec les révolutions. Les agriculteurs, les commerçants et les industriels veilleraient tous avec sollicitude au maintien de la République, qui seule aurait pu parvenir à leur donner enfin ce qu'ils réclament depuis si longtemps : du travail et l'aisance par le travail.

On objectera peut-être à ce projet, que l'État court le risque de perdre quelques-unes de ses avances. C'est probable ; mais ces pertes seront peu considérables : en effet, les faillites deviendront rares dès que des secours prompts et efficaces auront été organisés. Au surplus, tant que ces pertes n'excéderont pas trois millions par an, elles seront couvertes par les intérêts que l'Etat aura perçus. Serait-ce donc un si grand malheur que le gouvernement concourût gratuitement à assurer la prospérité publique, la rentrée facile des impôts et la tranquillité de la France ? ne ferait-il pas volontiers des sacrifices pour atteindre ce but ? Au lieu d'imposer des sacrifices à l'État, ce système lui offre une éventualité de bénéfices.

Je prévois que ces mesures obtiendront difficilement l'approbation des capitalistes ; je n'en serai point surpris : Marchand qui perd ne saurait rire. Qu'ils me permettent cependant quelques réflexions. Les capitaux doivent avoir une plus noble destination que l'agiotage, les jeux de bourse et l'usure. Qu'ils prennent part aux entreprises utiles; qu'ils se mêlent activement au mouvement que l'application du système que je viens d'exposer, imprimera nécessairement à l'agriculture, au commerce et à l'industrie; qu'ils se résignent à ne réaliser que des bénéfices honnêtes et légaux, et que ces pensées se gravent dans l'esprit des riches et des heureux du jour : la fortune, quoique aveugle, ne favorise pas toujours un lucre immoral, objet du mépris universel. Le pouvoir égoïste qui repose sur un coffre-fort, est bourrelé d'inquiétudes, contesté et détesté par tous ; une révolution l'ébranle, une révolution le renverse. La considération et la reconnaissance publiques sont les seuls biens impérissables.